Tim Birkhead | Catherine Rayner

Aus der Vogelperspektive

Von rodelnden Raben, plappernden Papageien
und tricksenden Rothühnern

Aus dem Englischen
von Rita Gravert

Hanser

Inhalt

Du musst einem Vogel nicht das Fliegen beibringen   4

Vögel können tanzen   *Gelbhosenpipra*   6

Ein Leben in Dunkelheit   *Fettschwalm*   8

König und Königin des Flusses   *Höckerschwan*   10

Chorprobe   *Flötenkrähenstar*   12

Das Eis und die Wiege   *Kaiserpinguin*   14

Alles andere als normal   *Stockente*   16

Einmal übers Meer   *Pfuhlschnepfe*   18

Der Jäger mit den feinen Ohren   *Bartkauz*   20

Vögel rund um den Honigtopf   *Honiganzeiger*   22

Vom Himmel gefallen   *Wanderfalke*   24

Der Fuchs und der Vogel *Rothuhn* **26**

Rodeln für Anfänger *Rabe* **28**

Bereit zum Abflug *Zwergbinsenralle* **30**

Der Zickzack-Vogel *Wanderalbatros* **32**

Gefiederte Freunde *Ara* **34**

Der magische Kompass *Rotkehlchen* **36**

Lärmende Seevogelstadt *Trottellumme* **38**

Das Geheimnis der Bäume *Specht* **40**

Das geheime Heckenhaus *Schwanzmeise* **42**

Die Mottenfalle *Nachtschwalbe* **44**

Die Sinne der Vögel **46**

Du musst einem Vogel nicht das Fliegen beibringen

Schließ die Augen, breite die Arme aus und stell dir vor, sie wären die weiten, majestätischen Schwingen eines Vogels. Stell dir vor, du segelst hoch oben in der Luft. Der auffrischende Wind bläst dir durch die Federn, hoch aufragende Berggipfel grüßen dich, und die ersten Strahlen der Morgensonne tanzen auf deinem Rücken.

Höher und höher steigst du in den goldenen Sonnenaufgang. Das Fliegen ist wunderschön und bereitet dir keinerlei Mühe. Du bist dazu geboren.

Du bist ein Vogel.

Viele von uns träumen vom Fliegen, doch wie fühlt es sich wohl tatsächlich an, ein hoch am Himmel dahinsegelnder Adler zu sein? Oder eine Eule, die lautlos durch die Nacht gleitet? Dank unserer fünf Sinne – Sehen, Hören, Schmecken, Riechen und Fühlen – verstehen und erkennen wir alles um uns herum. Manche Sinne der Vögel sind unseren ähnlich, andere sind sehr verschieden: Sowohl Menschen als auch Vögel benutzen ihre Augen, um zu sehen, doch bei den meisten Vögeln liegen sie seitlich am Kopf. Dadurch erhalten sie zur gleichen Zeit zwei unterschiedliche Bilder von der Welt. Stell dir das mal vor!

Vögel verhalten sich ganz anders als wir Menschen. Wie wäre es wohl, im Herbst den Drang zu verspüren, gen Süden zu ziehen und im Frühjahr gen Norden, wie es so viele Zugvögel jedes Jahr aufs Neue tun? Oder stell dir vor, wie es wohl wäre, Tausende Meilen sturmgepeitschten Ozeans und unzählige prustende Wale zu überfliegen und dennoch auf unergründliche Weise ganz genau zu wissen, wo dein Zuhause liegt?

Doch natürlich können nicht alle Vögel fliegen. Und sie unterscheiden sich noch in zahllosen anderen Punkten voneinander.

Stell dir einen kreeeeischenden Kakadu vor, eine im Wasser paddelnde Ente … einen winzigen, aufgeregt flatternden, smaragdgrünen Kolibri … oder einen riesigen Strauß, der durch die Wüste rennt.

Mit ihrer unglaublichen Anpassungsfähigkeit haben Vögel in verschiedenen Lebensräumen – von tropischen Regenwäldern über eisige Polarmeere bis hin zu feuchten, glucksenden Sümpfen – ihre ganz eigenen Wege gefunden, um zu überleben.

Überall auf der Welt nutzen Vögel ihre außergewöhnlichen und fantastischen Fähigkeiten, um sich besser an ihre Umgebung anzupassen und dort aufzublühen. Dieses Buch verrät die Geheimnisse des Überlebens von einigen der erstaunlichsten Tiere der Erde.

Lasst uns herausfinden, wie es ist, ein Vogel zu sein …

Das wunderschöne Pipra-Weibchen sieht anders aus als das Männchen. Mit seinem feinen olivgrünen Gefieder ist es zwischen den Blättern des Regenwaldes perfekt getarnt.

Vögel können tanzen
Süd- und Zentralamerika

Tief im Regenwald hüpft eine Gruppe nervöser Schausteller unruhig von einem Bein aufs andere. Jeder will endlich seinen Part spielen. Sie sind Gelbhosenpipra-Männchen. Hoch oben in den Baumwipfeln erzittern Äste und rascheln Blätter. Einen Ast höher wartet ein Pipra-Weibchen gespannt auf den großen Auftritt.

Eines der Männchen hüpft vor. Der zarte Vogel mag zwar winzig klein sein, doch wenn er seine Federn aufplustert und ins Rampenlicht tritt, merken alle Weibchen auf.

Es ist Paarungszeit, und das Gelbhosenpipra-Männchen hat einen sehr wichtigen Job zu erledigen: Es muss eine Partnerin finden, um sich zu paaren. Der Vogel dreht den Kopf, um seine Konkurrenz zu beäugen, und präsentiert dabei seine wunderschönen scharlachroten Kopffedern und seine sonnengelben Socken.

Die Aufführung beginnt. Wie ein batteriebetriebenes Spielzeug trippelt das Männchen mit starrem Blick den Ast entlang. Den Kopf gesenkt und die Schwanzfedern in die Höhe gereckt, gleitet es auf seiner Bühne vorwärts und rückwärts. Der lustige Tanz fasziniert in seiner mechanischen Präzision, und einige Weibchen flattern neugierig näher …

Dann ist das Pipra-Männchen bereit für sein großes Finale. Es hüpft hoch, landet wieder auf seinem Zweig und beeindruckt sein Publikum mit einem lauten Schnappgeräusch.

PENG!

Der kleine Vogel erzeugt den Knall, indem er seine Flügel dreimal schnell an seinen Schwanzfedern reibt, sodass es klingt, als würde eine Pistole losgehen! Während er sich zurückzieht, erzeugt er ein paar weitere PENGS. Bravo!

PENG! PENG! PENG! PENG!

Nun müssen die Weibchen die Tanzeinlage bewerten. Eines nach dem anderen wird jedes Publikumsmitglied die Qualität der Laute und Bewegungen des Tänzers beurteilen, um dann das Männchen mit dem besten Auftritt auszuwählen.
Nach der Paarung sucht das Gelbhosenpipra-Weibchen den perfekten Ort, um ein Nest zu bauen, in dem die Küken schlüpfen können.

Ein Leben in Dunkelheit

Südamerika

Der Fettschwalm hat Flügel mit einer Spannweite von beinahe einem Meter, lange, dichte Schwanzfedern, einen gebogenen Schnabel und ein wunderschönes rostbraunes Federkleid, das mit einer Reihe kleiner, herzförmiger weißer Flecken dekoriert ist.

Ein Rascheln, ein schriller Schrei und ein Klick-Klick-Klick – wir sind nicht allein in dieser Höhle! Versteckt sich etwa ein unheimliches Monster in der Dunkelheit?

Der kuriose Fettschwalm, auch Guácharo genannt, nistet in den stockfinsteren Höhlen Südamerikas, manchmal in Kolonien von bis zu 20 000 Tieren. Genau wie Fledermäuse nutzt dieser Vogel seine besonderen akustischen Fähigkeiten, um sich anhand seines Echos zu orientieren und sicher zu seinem Schlafplatz zurückzufinden.

Bei der Echoortung gibt der Fettschwalm schrille, klickende Laute von sich und horcht, wie das Echo von nahen Objekten zurückgeworfen wird. So weiß der Vogel, wie weit die Objekte entfernt sind, und kollidiert nicht mit ihnen.

Der Fettschwalm lebt vegetarisch und zieht seine Jungen mit öligen Früchten groß. Irgendwann wachsen die Küken zu mächtigen, fetten Federbällen heran, die dem Fettschwalm seinen Namen gegeben haben!

Im Dunkeln nach Früchten zu suchen kann eine echte Herausforderung sein, aber Fettschwalme sind Experten auf diesem Gebiet. Dieser Vogel hat große, empfindliche Augen – lichtempfindlicher als die irgendeiner anderen Tierart –, die perfekt an die Dunkelheit angepasst sind. Sobald er auf Nahrung gestoßen ist, erkennt der Fettschwalm dank seines ausgezeichneten Geruchssinns, welche Früchte reif sind und ein schmackhaftes Abendessen abgeben.

König und Königin des Flusses

Europa und Nordamerika

Während die Sonne langsam untergeht, gleitet ein Höckerschwanenpaar majestätisch über den See.

Seite an Seite schwimmen sie auf dem Wasser auf und ab und patrouillieren an den Grenzen ihres Königreiches. Beide wissen ganz genau, wo ihr Reich beginnt und wo es endet, und sie kennen auch die benachbarten Schwäne.

Unter Schwänen herrscht eine Regel: Überquere niemals diese Grenze – Betreten auf eigene Gefahr!

Das Revier der Schwäne ist deshalb so wichtig, weil es alle Nahrung liefert, die sie für sich und eine zukünftige Familie mit Schwanenjungen benötigen. Das Paar will verhindern, dass andere Schwäne kommen und ihnen dieses Futter streitig machen.

Schließlich erreichen sie ihr Nest, das gut versteckt zwischen den Binsen am Ufer liegt. Den Ort haben die Schwäne sorgfältig ausgewählt, und der große, flache Hügel aus abgestorbenem Schilf, Gräsern und Wasserpflanzen stellt eine beeindruckende Konstruktion dar. Hier wird der weibliche Schwan schon bald Eier legen.

Doch gute Reviere sind schwer zu finden, und vielleicht wird ein fremdes Schwanenpaar versuchen, ein Fleckchen für sich abzuzwacken. Wenn das geschieht, breitet der dort bereits lebende männliche Schwan die Flügel aus und schwimmt laut fauchend und so schnell er kann auf die Eindringlinge zu. Mit gesenktem Kopf schießt er über das Wasser, bereit, mit seinem Schnabel nach ihnen zu hacken.

In einem Getöse aus schlagenden Flügeln und spritzendem Wasser hebt er ab.

HACK! HACK! HACK!

Er hat Erfolg. Die Eindringlinge erheben sich in die Luft, und auf dem See kehrt wieder Ruhe ein.

Lalalala!

Chorprobe
Australien

Die frühen Morgenstunden sind in Australien eine angenehm kühle und schattige Zeit, bevor sich ein gelbweißer Hitzeschleier über den Tag legt. Ein Schwarm Flötenkrähenstare kommt von seinen Schlafplätzen in den Bäumen herabgeflogen und lässt sich am Boden nieder.

Fünf … sechs … sieben … acht … immer mehr Flötenkrähenstare tauchen auf.

Die Vögel hüpfen über die ausgedörrte australische Landschaft auf einen alten Zaunpfahl am Rande eines Feldes zu. Die Köpfe gen Himmel gerichtet stellen sie sich in einem Kreis rund um den Pfosten auf und fangen an zu singen. Mit ihrem ergreifend schönen Lied grüßen sie den Sonnenaufgang – sie sind ein Chor!

Nach zehn Minuten verstummt ihr Gesang. Während die Sonne höher und höher steigt, löst sich der Schwarm auf, und die Vögel gehen den Tag über getrennte Wege.

Lalalala!

Lalalala!

Der australische Flötenkrähenstar unterscheidet sich von der mit ihm verwandten eurasischen Elster ... Er hat einen kürzeren Schwanz, ist etwas größer und mit einem massiveren Schnabel ausgestattet. Außerdem ist er aggressiver.

Im Gegensatz zu Elstern leben Flötenkrähenstare eher im Schwarm als in Paaren. Alle Mitglieder eines Schwarms arbeiten zusammen, beispielsweise bei der Aufzucht der Jungen und der Verteidigung ihres Reviers gegen jeden, der es zu betreten wagt.

Während ihrer frühen Morgenproben kommen die Flötenkrähenstare zusammen, um in einer Gruppe zu singen – genau wie Menschen in einem Chor, selbst wenn sie nicht besonders gut singen können. Oder wie ... Krieger in vergangenen Zeiten, die gesungen haben, bevor sie in die Schlacht gezogen sind. Oder wie die Menge im Stadion, die vor dem Anpfiff eines Fußballspiels singt.

Gemeinsam Singen fühlt sich gut an!

Vielleicht hilft den Vögeln das Lied am frühen Morgen, um munter in den Tag zu starten.

Lalalala!

Lalalala!

Lalalala!

Das Eis und die Wiege
Antarktis und Südpolarmeer

Stunde um Stunde heult und wütet der eisige Wind. Dunkle Wolken hängen tief über dem Land und der See. Der Kaiserpinguin blickt auf das Ei, das er sanft auf seine Füße gebettet hat. Er wird so lange warten, bis die Zeit gekommen ist …

Kaiserpinguine bewohnen einen der feindlichsten Lebensräume der Erde: die Antarktis. Damit ihre Jungen in dieser rauen, bitterkalten Umgebung überleben, müssen die Pinguine etwas Unglaubliches tun.

Alles beginnt mit einem Ei.

Nachdem die Pinguinmutter das Ei gelegt hat, schiebt sie es schnell auf die Füße ihres Partners. Dann nutzt der männliche Pinguin eine große, lose Hautfalte in seinem unteren Bauchbereich, um das Ei zu bedecken – ein bisschen wie ein Zelt. Auf der Innenseite der Falte wachsen keine Federn. Sie besteht lediglich aus nackter, rosiger Haut, die von Blutbahnen durchzogen ist. Das Blut transportiert die Wärme des Pinguinkörpers zu seiner Haut, und das Bauchfaltenzelt wird zu einer Wärmflasche, die das Ei warm hält.

Sobald es sich vergewissert hat, dass der männliche Pinguin das Ei sicher und mollig warm unter seinen Bauchlatz gebettet hat, taucht das Pinguinweibchen ins Meer ab, um auf die Jagd zu gehen.

Der frisch gebackene Vater wird für volle zwei Monate mit dem Brüten allein gelassen. In dieser Zeit hat er keine Gelegenheit zu fressen und wird rund die Hälfte seines Gewichts verlieren, da er alles in seinem Körper gespeicherte Fett verbrennt.

Kaiserpinguine sind die größte Pinguinart. Sie können um die 115 Zentimeter groß werden.

Erst wenn das Küken bereit zum Schlüpfen ist, kehrt die Pinguinmutter aus dem Meer zurück. Nun ziemlich pummelig, bringt sie einen ganzen Bauch voller Tintenfisch und anderer Leckereien mit, um ihn an den Neuankömmling zu verfüttern.

Woher weiß die Mutter so genau, wann sie zurückkommen muss?

Das Pinguinweibchen hat eine innere biologische Uhr im Gehirn, die ihm sagt, wann das Küken bereit ist, zu schlüpfen. Kaum hat das Weibchen das Küken von seinem Partner entgegengenommen und sicher auf seinen eigenen Füßen positioniert, lässt sich das Männchen ins Wasser gleiten, um selbst auf die Jagd zu gehen und sich von seinem langen Babysitterdienst zu erholen.

Alles andere als normal
weltweit

Der Park kann ein ziemlich lauter Ort sein. Man hört Kinder lachen und spielen, Hunde bellen und eine Gruppe Stockenten lautstark am Teich schnattern.

QUACK! QUACK! QUACK!

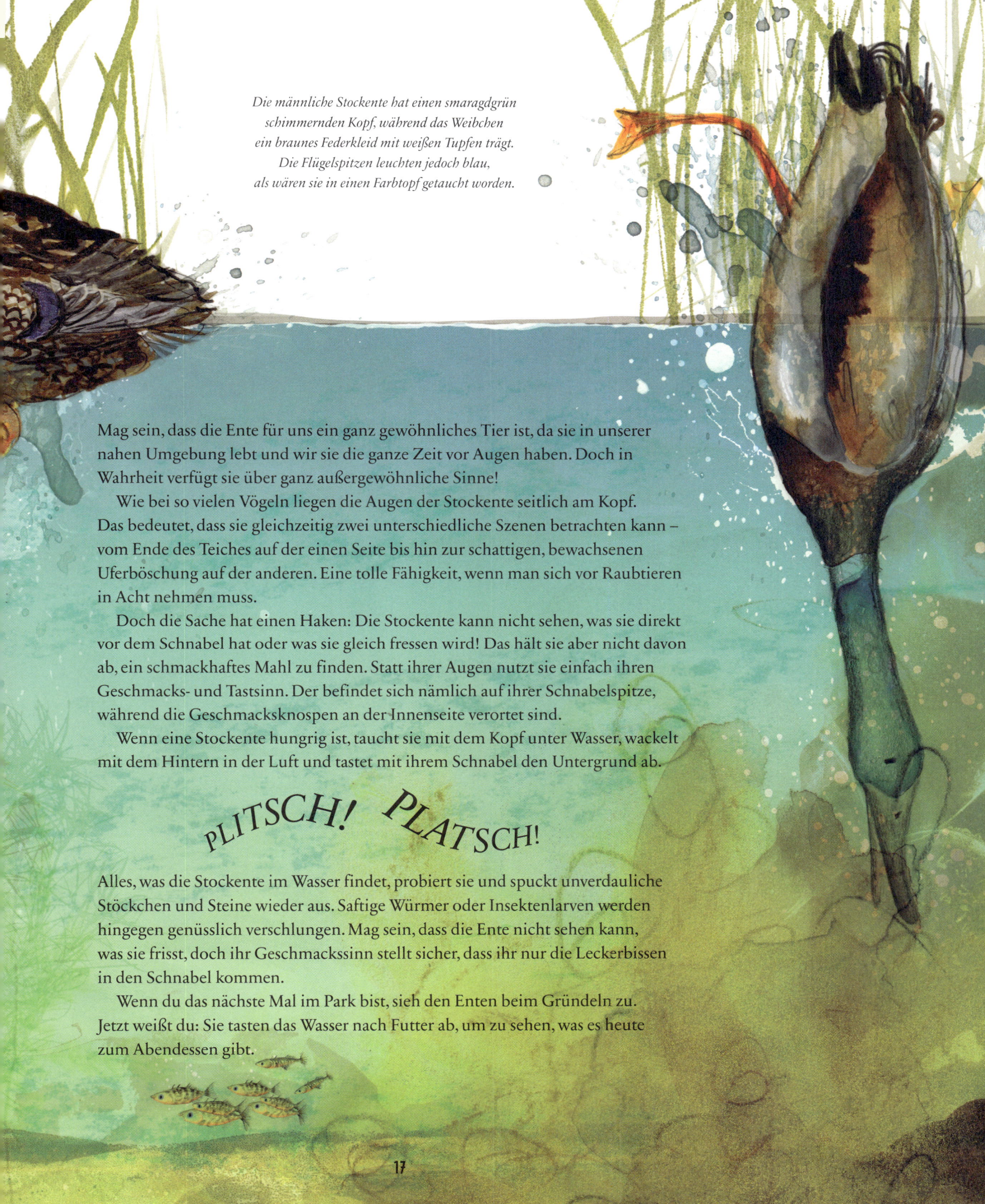

Die männliche Stockente hat einen smaragdgrün schimmernden Kopf, während das Weibchen ein braunes Federkleid mit weißen Tupfen trägt. Die Flügelspitzen leuchten jedoch blau, als wären sie in einen Farbtopf getaucht worden.

Mag sein, dass die Ente für uns ein ganz gewöhnliches Tier ist, da sie in unserer nahen Umgebung lebt und wir sie die ganze Zeit vor Augen haben. Doch in Wahrheit verfügt sie über ganz außergewöhnliche Sinne!

Wie bei so vielen Vögeln liegen die Augen der Stockente seitlich am Kopf. Das bedeutet, dass sie gleichzeitig zwei unterschiedliche Szenen betrachten kann – vom Ende des Teiches auf der einen Seite bis hin zur schattigen, bewachsenen Uferböschung auf der anderen. Eine tolle Fähigkeit, wenn man sich vor Raubtieren in Acht nehmen muss.

Doch die Sache hat einen Haken: Die Stockente kann nicht sehen, was sie direkt vor dem Schnabel hat oder was sie gleich fressen wird! Das hält sie aber nicht davon ab, ein schmackhaftes Mahl zu finden. Statt ihrer Augen nutzt sie einfach ihren Geschmacks- und Tastsinn. Der befindet sich nämlich auf ihrer Schnabelspitze, während die Geschmacksknospen an der Innenseite verortet sind.

Wenn eine Stockente hungrig ist, taucht sie mit dem Kopf unter Wasser, wackelt mit dem Hintern in der Luft und tastet mit ihrem Schnabel den Untergrund ab.

PLITSCH! PLATSCH!

Alles, was die Stockente im Wasser findet, probiert sie und spuckt unverdauliche Stöckchen und Steine wieder aus. Saftige Würmer oder Insektenlarven werden hingegen genüsslich verschlungen. Mag sein, dass die Ente nicht sehen kann, was sie frisst, doch ihr Geschmackssinn stellt sicher, dass ihr nur die Leckerbissen in den Schnabel kommen.

Wenn du das nächste Mal im Park bist, sieh den Enten beim Gründeln zu. Jetzt weißt du: Sie tasten das Wasser nach Futter ab, um zu sehen, was es heute zum Abendessen gibt.

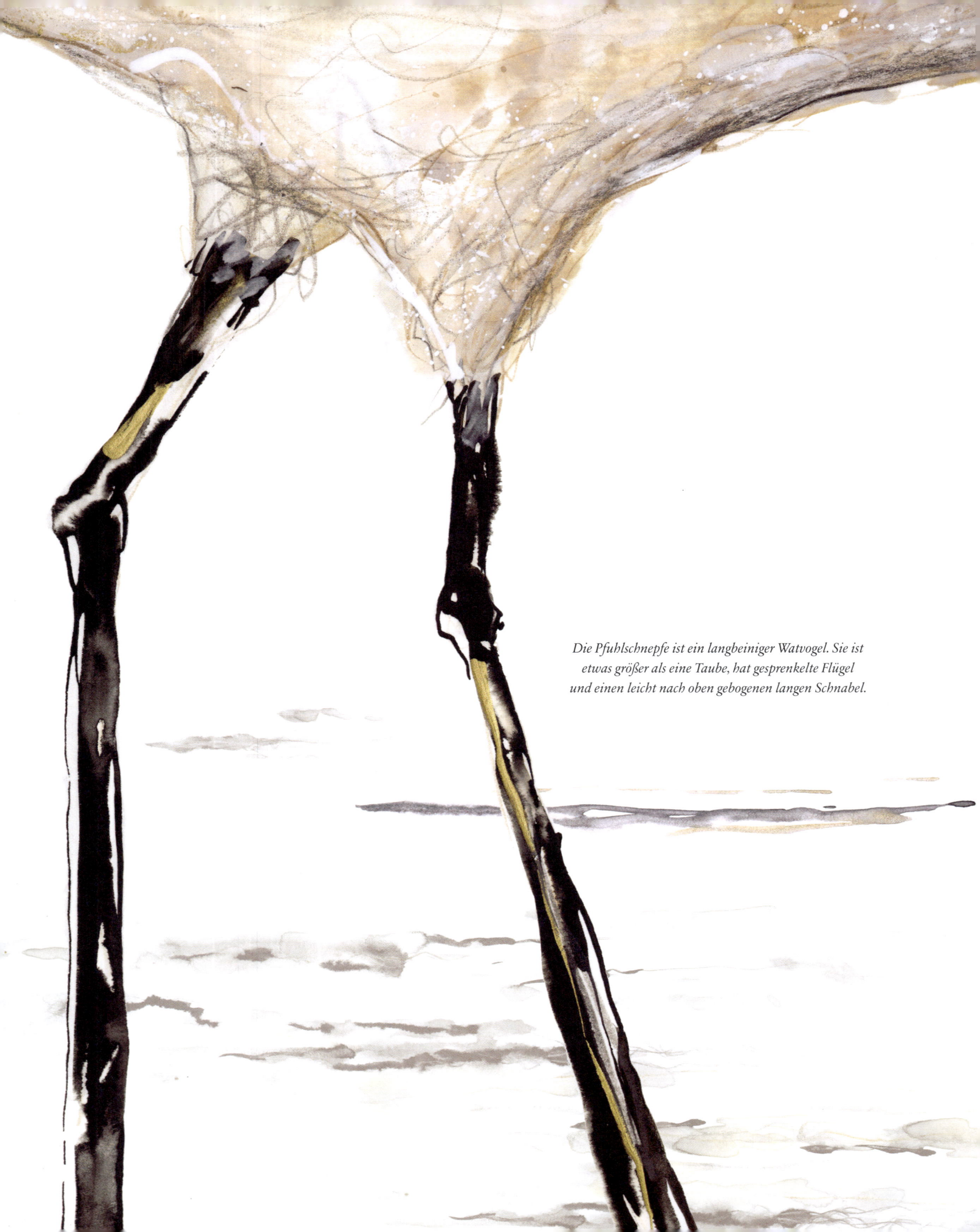

Die Pfuhlschnepfe ist ein langbeiniger Watvogel. Sie ist etwas größer als eine Taube, hat gesprenkelte Flügel und einen leicht nach oben gebogenen langen Schnabel.

Einmal übers Meer

Im Sommer in Alaska, im Winter in Neuseeland

Still liegt der Ozean unter ihr da. Er erinnert ein bisschen an eine riesige Bahn verknitterten blauen Seidenstoffes. Die Pfuhlschnepfe schlägt die Flügel mit aller Macht im Wind und gleitet auf warmen Luftströmungen dahin. Hinter ihr verblasst der Winter, und von vorn streckt der Sommer ihr schon seine goldenen Arme entgegen, um sie als vertrauten, alten Freund zu begrüßen.

Genau wie wir brauchen Vögel Futter, um zu überleben. Wenn uns die Vorräte ausgehen, können wir in den nächsten Laden gehen. Vögel hingegen können das nicht. Was tun sie also, wenn es nichts mehr zu fressen gibt? Zugvögel wie die Pfuhlschnepfe wandern zwischen einem Sommer- und einem Winterquartier hin und her – der einzige Weg, um sicherzustellen, dass sie das ganze Jahr über genug zu fressen finden.

Die Pfuhlschnepfe verbringt ihre Sommer in Alaska in Nordamerika. Dort brütet sie auf der flachen, baumlosen Tundra und ernährt sich von Insekten, von denen es dort nur so wimmelt. Am Ende der Brutzeit nimmt sie Abschied und zieht in ihr Winterquartier.

Da es in der Nähe von Alaska keine warmen, sicheren Orte zum Leben gibt, begibt sich die Pfuhlschnepfe jedes Jahr auf die Tausende Kilometer lange, atemberaubende Reise nach Neuseeland. Ihre Route verläuft beinahe vollständig über dem offenen Meer. Selbst in unseren komfortablen Passagierflugzeugen benötigen wir fast einen ganzen Tag, um diese Strecke zu überwinden. Und die Pfuhlschnepfe kann während ihres Fluges keine Rast einlegen. Sie muss acht Tage fliegen, ohne anzuhalten!

Wie findet die Pfuhlschnepfe ihren Weg? Der Ozean hat schließlich keine Wegweiser. Doch zum Glück verfügt der Vogel über eine Art biologisches Navi im Kopf, das ihm sagt, wo er lang muss. Nur eines der vielen Wunder der Natur!

Der Jäger mit den feinen Ohren

Nordeuropa, Nordamerika und Asien

Der Winter ist lang und dunkel, doch der Bartkauz fürchtet ihn nicht. Er ist ein sehr geduldiger Jäger. Reglos hockt der gewaltige Vogel auf einem niedrigen Ast. Er horcht. Und wartet. Seine gelben Augen spähen starr in die stille, weiß überzogene Landschaft.

Schneeflocken wirbeln in der frostigen Luft. Der Kopf der Eule dreht sich erst nach links und dann nach rechts. Alles scheint still, doch das täuscht.

Auf einmal vernimmt der Kauz die Bewegung eines Lemmings, der sich unter der Schneedecke versteckt. Los geht die Jagd! Da er ihn nicht sehen kann, nutzt der Bartkauz sein unglaublich feines Gehör, um den Lemming ganz genau zu orten. Blitzschnell hebt er ab und gleitet lautlos durch die Luft.

WUUUUIIIH!

Von einem Moment auf den anderen fällt der Bartkauz in einen Sturzflug, durchstößt mit seinen Füßen die Schneedecke und packt seine Beute mit scharfen Krallen. Für den Lemming kommt jede Hoffnung auf Flucht zu spät. Den überwiegenden Teil des Jahres ist der Lebensraum der großen Eule von Schnee bedeckt. Die Lemminge überleben, indem sie Gänge in den Boden unter der Schneedecke graben. Der Bartkauz kann sie allein dadurch ausfindig machen, dass er ihre Bewegungen unter der Erdoberfläche wahrnimmt. Er ist für diese Aufgabe geboren!
Unter seinem Kopfgefieder hat er zwei sehr große Ohren, die wie ein Trichter alle Laute auffangen. Die Gehörgänge befinden sich jeweils in unterschiedlicher Höhe, sodass die Töne etwas versetzt ankommen. Das hilft dem Kauz dabei, die Quelle des Geräusches zu lokalisieren. Die Federn im Gesicht der Eule formen große Kreise um die Augen, wodurch alle Geräusche zusätzlich nach außen zu den Ohren geleitet werden. Wenn es ums Hören geht, kann es wirklich niemand mit dem Bartkauz aufnehmen.

Der Bartkauz ist die größte aller Eulen. Hoch oben im Norden ist dieser Meisterjäger unter rauen Bedingungen ganz in seinem Element.

Vögel rund um den Honigtopf
Afrika

Ein Honiganzeiger hüpft von Ast zu Ast – er hat aufregende Neuigkeiten mitzuteilen! Weiter vorn im Dorf hackt ein Mann Holz. Der unscheinbare kleine Vogel lässt einen Pfiff ertönen, und plötzlich legt der Mann seine Axt beiseite. Sein Gesicht hellt sich auf, und er folgt dem Honiganzeiger in den schattigen Wald …

In einigen Teilen Afrikas ist der Honiganzeiger eine ganz besondere Beziehung mit der lokalen Bevölkerung eingegangen. Er hilft ihnen, die Nester von Wildbienen ausfindig zu machen, damit sie den süßen Honig daraus sammeln können.

Wildbienen nisten für gewöhnlich in einem hohlen Baum oder einem Loch im Boden. Die Waben bauen sie aus Wachs, das sie selbst produzieren.

Die Naseninnenseite des Honiganzeigers reagiert sehr sensibel auf den Geruch von Bienenwachs.

Schnuppere doch mal in der Luft und stell dir vor, du könntest Bienenwachs in einem Nest riechen, das über einen Kilometer entfernt ist ... denn genau das kann der Honiganzeiger!

Wenn der Honiganzeiger auch nur einen Hauch Bienenwachs in der Luft wahrnimmt, folgt er dem Geruch, bis er das Bienennest gefunden hat. Er merkt sich, wo es liegt, und fliegt dann fort, um sich Hilfe zu holen.

Kaum trifft der Vogel auf eine Person, stößt er einen ganz besonderen Ruf aus, nach dem Motto:

»Mir nach, ich führe dich zu einer leckeren Honigwabe!«

Die Menschen folgen dem Vogel den ganzen Weg bis zum Bienennest und nehmen die Honigwaben heraus – dabei achten sie aber stets darauf, dem Honiganzeiger zu danken, indem sie ihm ein Stück Wabe zum Fressen hinlegen.

Diese ungewöhnliche Partnerschaft beruht auf der Belohnung durch die Menschen, aber auch auf dem außerordentlich guten Geruchssinn des Vogels.

Vom Himmel gefallen
weltweit

Während er hoch oben am Himmel fliegt, sucht der Wanderfalke die Landschaft unter sich mit scharfen, wachen Augen ab. Da fixiert sein Blick eine Taube, und er klappt die Flügel ein. Mühelos und mit tödlicher Präzision stürzt er in die Tiefe. Während er in schwindelerregender Geschwindigkeit durch die Luft fällt, verwischt der Horizont.

WUUUSCH!

Der Wanderfalke ist der schnellste Vogel am Himmel. Schon im ganz normalen Flug ist er schnell, doch wenn er im Sturzflug zu seiner Beute abtaucht, kann er bahnbrechende Geschwindigkeiten erreichen. Da auch Tauben schnelle Flieger sind, muss der Falke schneller sein, um genug Nahrung zu finden.

Um Tauben in weiter Ferne entdecken zu können, muss er außerdem über ausgezeichnete Augen verfügen. Die meisten von uns halten unsere menschliche Sehfähigkeit schon für gut, doch ein Wanderfalke sieht um Längen besser. Er kann Dinge aus viel größerer Entfernung erspähen als wir.

Wanderfalken sehen besser als wir, weil ihre Augen anders aufgebaut sind. Die Worte auf dieser Seite sind für dich klar zu erkennen, weil sie auf einer Linie mit einem ganz bestimmten Bereich der Netzhaut in deinem Auge liegen, der sogenannten *Fovea* oder Sehgrube. In dieser kleinen Einsenkung im hinteren Auge siehst du alles am hellsten und schärfsten.

Drehe deinen Kopf jetzt leicht zu einer Seite. Ohne den Blick zurück zu den Buchstaben wandern zu lassen, wirst du merken, dass sie aus den Augenwinkeln betrachtet verschwommen erscheinen. Nur wenn wir etwas direkt ansehen, befindet sich das Bild in der Fovea, und wir können es klar erkennen.

Wir haben in jedem Auge eine Fovea, doch einige Vögel, darunter auch der Wanderfalke, besitzen zwei – eine für die Ferne und eine für kurze Distanzen. Mit der Fernfovea werden Beutetiere wie Tauben aus großer Entfernung erspäht: Sie funktioniert ein bisschen wie ein Teleobjektiv.

Kein Wunder also, dass der Wanderfalke ein so präziser Jäger ist!

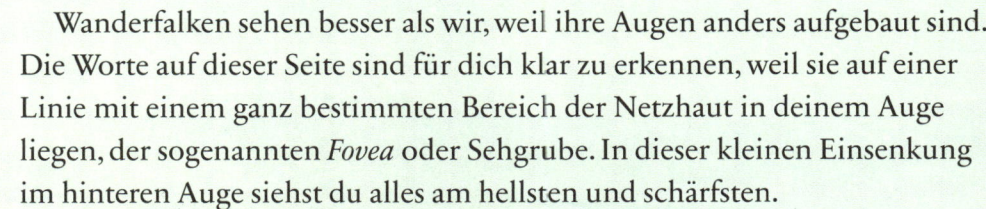

Der Wanderfalke taucht – oder besser gesagt schießt – mit einer Geschwindigkeit von mehr als 300 Kilometer pro Stunde auf seine Beute herab.

Der Fuchs und der Vogel
Südeuropa, außerdem auch in Großbritannien und Neuseeland

Stell dir vor, du bist ein kleines Küken – das letzte von zehn Brüdern und Schwestern, das seinen Weg aus einem Ei pickt. Nun ist es an dir, herauszukommen: ein flauschiger Federball, der auf und ab hüpft und gegen das Sonnenlicht blinzelt. Obwohl du erst ein paar Stunden alt bist, kannst du schon laufen! Deine Mutter – ein Rothuhn – zeigt dir den Weg.

Für die Mutter ist es das Wichtigste, ihre Kleinen so lange zu beschützen, bis sie ausgewachsene Rothühner sind.

Sie ist immer auf der Hut.
Hinter jeder Ecke lauern Gefahren …

Ein Fuchs, ein Hermelin oder ein Habicht würde jedes Küken verschlingen, das es wagt, seinen Weg zu kreuzen.
   In der Ferne erspäht die Rothuhnmutter eine aufflatternde Krähe – ein klares Zeichen, dass ein Räuber in der Nähe ist.
Um ihre Familie zu schützen, muss sie schnell handeln. Leise ruft die Rothuhnmutter ihre Küken und versammelt sie um sich herum. Dann führt sie ihren Nachwuchs unter eine Hecke außer Sichtweite.
   Gerade als die Rothuhnfamilie auf der anderen Seite der Hecke herauskommt, taucht aus dem Schatten ein Fuchs auf. O nein, er hat die Mutter entdeckt! Zum Glück sind die Küken im hohen Gras gut verborgen.

Der Mutter bleibt keine Zeit mehr, um ihre Kinder in Sicherheit zu bringen. Sie muss sich etwas anderes ausdenken. Also tut sie so, als wäre ihr Flügel gebrochen, und hüpft, scheinbar hilflos, mit herabhängendem Flügel den Pfad entlang.

Es sieht so aus, als könne sie nicht fliegen.

In der Hoffnung auf leichte Beute jagt der Fuchs das hüpfende Rothuhn. Immer schneller rennt es und immer weiter fort von den versteckten Küken. Und dann, gerade als der Fuchs zum Sprung ansetzt, erhebt sich die Mutter in die Luft und fliegt davon!

Sie hat den Fuchs an der Nase herumgeführt und ihn so weit weg von ihren Küken gelockt, dass er sie nicht mehr finden kann. Enttäuscht schleicht er davon. Als die Rothuhnmutter spürt, dass die Luft wieder rein ist, läuft sie zurück zu ihrer Familie. Leise ruft sie ihre Jungen aus ihren Verstecken, um die Reise fortzusetzen.

Weibliche Rothühner verhalten sich ungewöhnlich, da sie oft zwei Nester bauen und in beide Eier legen. Das Weibchen und das Männchen kümmern sich jeweils um eine Kükenschar und ziehen sie unabhängig voneinander groß.

Rodeln für Anfänger

Nördliche Hemisphäre

Es ist Winter, und es hat viel geschneit. Eine dicke, weiche Schneedecke bedeckt die Hügel, Bäume und Dächer. Hoch oben auf einem Hang hat sich eine Gruppe Raben versammelt, die sich schwarz gegen die weiße Umgebung abzeichnet. Ein mutiger Vogel hüpft vor und späht nach unten. Eins … zwei … drei … dann springt er ab und rutscht auf der Brust den Hang hinunter.

Vollkommen in Federn gekleidet und mit einem kräftigen Schnabel ausgestattet, überschlägt sich der tapfere Vogel ein paarmal und findet dann sein Gleichgewicht wieder. Doch obwohl er fliegen kann, stakst er zu Fuß wieder zurück auf den Hügelkamm und gesellt sich zu den anderen Raben, die alle darauf warten, dass sie an der Reihe sind. Sie machen das aus Spaß!

Raben sind sehr verspielte Vögel, doch sie sind auch ungeheuer intelligent.

Vielen Vögeln fällt es schwer, im Winter genug Nahrung zu finden, doch der schlaue Rabe weiß sich zu helfen: Er durchwühlt den Müll der Menschen. Er riecht, dass irgendwo in dem Mülleimer Essensabfälle zu finden sind. Unter den Hieben seines kräftigen Schnabels springt der Deckel auf. Schon gesellt sich der Rest des Schwarms zum Festmahl dazu.

In Gefangenschaft lebende Raben sind dafür bekannt, menschengemachte Rätsel lösen zu können, die einen Hund, ein Eichhörnchen oder fast jeden anderen Vogel verwirrt hätten. Einige domestizierte Raben können sogar zählen!

Eins … zwei … drei … vier … fünf.

Du könntest mit ihnen also ein Spiel spielen, doch sei gewarnt: Raben gelten als die cleversten aller Vögel, vielleicht schlagen sie dich!

Raben sind sehr soziale Vögel und verbringen oft ihr ganzes Leben mit demselben Partner. Dabei werden sie bis zu dreizehn Jahre alt – das ist eine lange Zeit zusammen! Im Winter versammeln sich verschiedene Rabenpaare, um in großen Kolonien zu nisten.

*Die Zwergbinsenralle sieht aus wie eine kleine Ente.
Sie kann schwimmen, rennen und durch Schilf
und tief hängende Äste klettern.*

Bereit zum Abflug
Zentral- und Südamerika

Der Fluss glitzert im tropischen Nachmittagslicht. Zweige wiegen sich und tanzen im Wind, tauchen ihre Spitzen ins sanft dahinfließende Wasser. Schilfrohre knacken. Insekten summen.

Niemand bemerkt den geheimnistuerischen kleinen Vogel, der sich im dichten Gestrüpp verbirgt.

Die Zwergbinsenralle, auch Zwergbinsenhuhn genannt, paddelt durchs seichte Wasser. Sie verbringt einen Großteil ihrer Zeit damit, hier im langsam dahinfließenden Fluss zu schwimmen und zu tauchen. Ihr Nest liegt gut versteckt in der Uferböschung.

Das Weibchen der Zwergbinsenralle legt nur zwei Eier, und nachdem die Küken geschlüpft sind, ist es – im Gegensatz zu den meisten anderen Vogelarten – der Vater, der sich um die Küken kümmert. Er erledigt seine Pflicht beinahe vollständig allein.

Bereits kurz nachdem sie das Ei verlassen haben, können die Küken schwimmen. Doch wenn Gefahr droht, wählt der Vater einen sehr ungewöhnlichen Weg, um seine beiden Kinder zu schützen …

Unter jedem seiner Flügel verbirgt sich ein spezieller Hautbeutel. Wird das Zwergbinsenrallen-Männchen nervös, versteckt es seine Küken einfach in diesen Taschen und fliegt rasch davon. Schwupps, ist seine Familie außer Gefahr.

Bevor er jedoch die Flucht antritt, muss der Vater sich vergewissern, dass seine Kinder wohlbehalten unter seinen Flügeln sitzen – ein bisschen wie ein Elternteil, das noch einmal die Sicherheitsgurte der Kinder prüft, bevor sie mit dem Auto losfahren. Der Zwergbinsenrallen-Vater kann zwar nicht so einfach sehen, ob seine Kinder sicher in seinen beiden Flügeltaschen verstaut sind, doch er kann fühlen, wie tief sie darin stecken. Kaum ist er beruhigt, dass alle in Sicherheit sind, verliert er keine Zeit mehr.

Bereit zum Abflug!

Der Zickzack-Vogel
Südliche subantarktische Meere

Weit draußen auf dem offenen Meer scheint der Horizont sehr weit weg. Aus der Sicherheit ihres großen Bootes beobachten die Segler, wie sich das Meer aufwallt und wieder absenkt. Graue Wellenberge türmen sich auf, rollen und brechen. Hinter dem Boot segelt mühelos, auf steifen Flügeln und sicher vor den riesigen Brechern, ein außergewöhnlicher Seevogel dahin – der Wanderalbatros.

Albatrosse haben ein langes Leben. Manche werden sogar sechzig Jahre alt! Alle zwei Jahre legt das Albatros-Weibchen ein einziges Ei. Die Eltern wechseln sich beim Brüten ab und warten geduldig, bis ihr Küken schlüpft.

Hungrig muss der Albatros, der von seinen Elternpflichten gerade abgelöst wurde, auf den Ozean hinausfliegen, um sich eine Mahlzeit zu suchen. Wanderalbatrosse ernähren sich hauptsächlich von Tintenfischen, doch um genug Futter zu finden, müssen sie Tausende Kilometer über dem offenen Meer zurücklegen.

Das Leben als Albatros ist harte Arbeit.

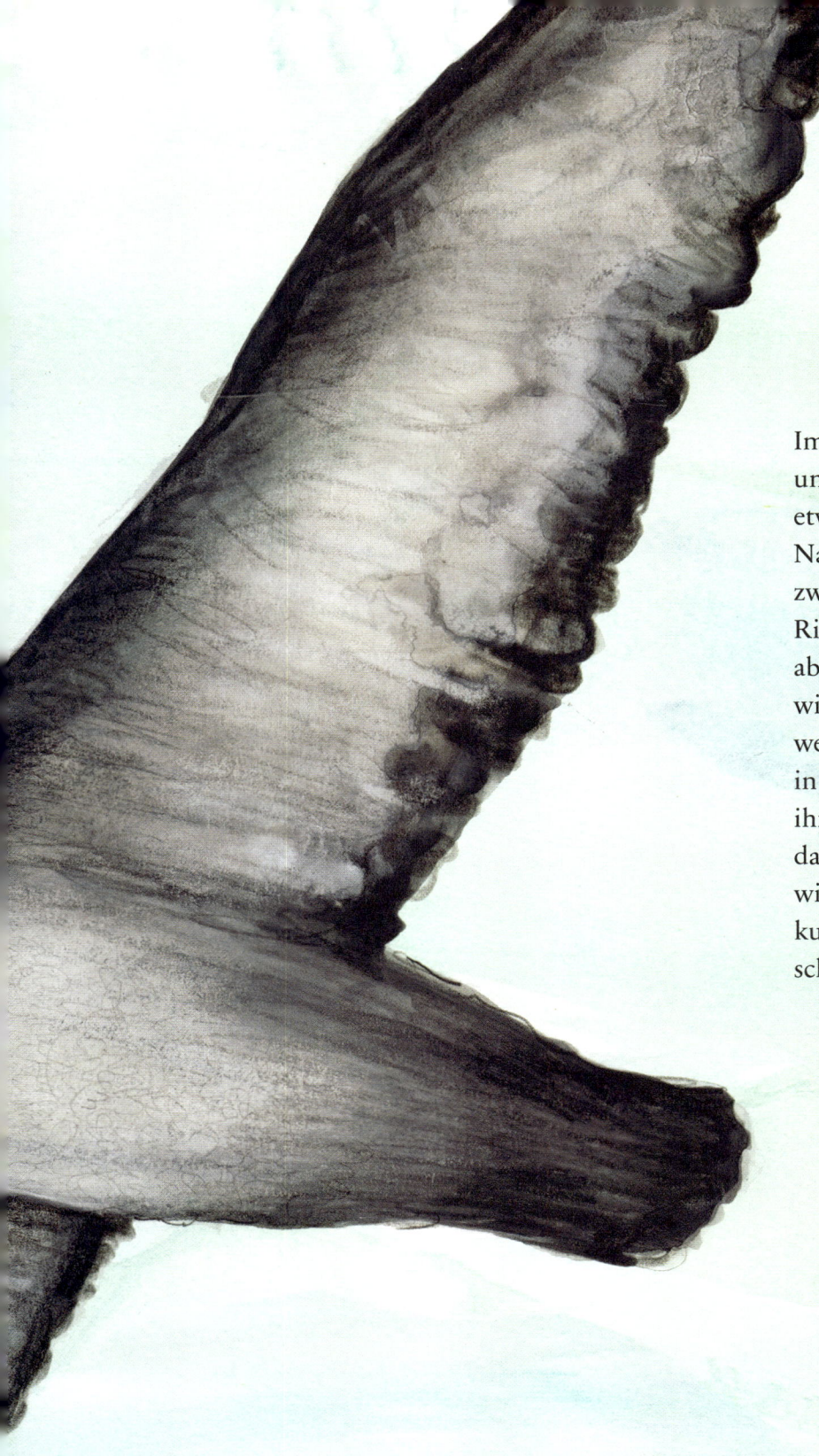

Im riesigen Ozean sind Tintenfische winzig klein und schwer zu erkennen. Wenn der Wanderalbatros etwas in den Bauch bekommen will, muss er seine Nase benutzen. Der Vogel hat am Schnabelansatz zwei schmale Nasenlöcher. Dort versteckt sich sein Riechorgan. Tintenfische geben Geruchspartikel ab, die in der Luft schweben und vom Wind wie winzige Rauchschwaden über die Wellen geweht werden. Der Wanderalbatros fliegt gegen den Wind in Richtung des Tintenfischgeruchs und verfolgt ihn im Zickzack-Kurs. Wird der Duft schwächer, dann wechselt er die Richtung, bis er die Spur wiederaufgenommen hat. Immer wieder taucht er kurz ins Wasser, rein und raus, bis seine Nase ihn schließlich zum Tintenfisch führt.

Zeit fürs Abendessen!

Der Wanderalbatros verdankt seinen Namen den riesigen Entfernungen, die er bei der Nahrungssuche zurücklegt. Dabei fliegt der Vogel nur selten in einer geraden Linie. Vielmehr macht er einen Zickzack-Kurs über dem offenen Meer, wobei seine Flügelspitzen hin und wieder in die Wellen eintauchen.

Gefiederte Freunde
Zentral- und Südamerika sowie Afrika

Zentimeter für Zentimeter trippelt der Ara auf seinem Ast entlang. Seine Brust schimmert golden, seine Flügel blau, und seine Augen glänzen wie Knöpfe. Ruckartig bewegt er mit leicht geöffnetem Schnabel den Kopf auf und ab, so als wollte er die Aufmerksamkeit von jemandem erregen.

»Hallo? Hallo? Hallo-hallo-hallo!«

Je nachdem, wo du lebst, sprichst du wahrscheinlich mit einem regionalen Akzent. Wenn du in eine andere Region des Landes umziehst, wirst du, vor allem wenn du noch ein Kind bist, vielleicht anfangen, mit demselben Akzent zu sprechen wie deine neuen Freundinnen und Spielgefährten. Auf diese Weise passt du dich an.

Wilde Aras halten das mit ihrem Kreischen und Krächzen genauso. Genau wie wir sind Aras sehr soziale Lebewesen: Sie leben in Schwärmen und haben oft ein Leben lang denselben Partner. Sie formen dauerhafte Freundschaften – und werden dabei bis zu vierzig Jahre alt. In freier Wildbahn machen Arapärchen alles gemeinsam.

Aras, die als Haustiere gehalten werden, gehen oft eine enge Bindung mit ihrem Besitzer ein. Ihre Freundschaft ähnelt der von wilden Aras mit ihrem Partner oder ihrer Partnerin. Viele domestizierte Aras können außerdem die menschliche Sprache nachahmen. Sie nutzen ihr großes Gehirn und ihre lange Zunge, um unsere Worte nachzuplappern und Sätze aufzuschnappen. Das hilft ihnen dabei, sich an ihre Umgebung anzupassen. Sprechen ist also die Taktik des Aras, einen regionalen Akzent anzunehmen und Teil der Gruppe zu werden.

Papageien sind intelligent, da sie viele menschliche Worte nachahmen und sich einprägen können. Manchmal scheint es fast so, als würden sie sie sogar zum richtigen Zeitpunkt sagen. Zum Beispiel ein krächzendes »Hallo«, wenn eine Person den Raum betritt, und ein »Tschau«, wenn sie ihn wieder verlässt.

Aber versteht der Ara wirklich, was »Hallo« bedeutet? Wahrscheinlich nicht – vielleicht lernen die Vögel einfach, was ihr Besitzer gerne hören will. Doch trotzdem können sie die besten Freunde werden.

Wilde Aras sind typischerweise in tropischen Regenwäldern anzutreffen. Was an diesen Vögeln ganz besonders ist: Sie nutzen ihren Schnabel als dritten Fuß, der ihnen dabei hilft, einen Baum zu erklimmen.

Viele Vögel wandern zwischen ihren Sommernistplätzen in Nordeuropa und ihren Winterquartieren in Südeuropa und Afrika hin und her.

Der magische Kompass
Im Sommer in Europa, im Winter in Afrika

Still thront das Rotkehlchen auf einem umgedrehten Spaten und hat sich in die Brust geworfen. Veränderung liegt in der Luft – der kleine Vogel spürt es an der frischen Herbstbrise und sieht es an den goldenen Blätterhaufen, die über den Rasen verteilt liegen.

Während das Rotkehlchen seine Heimat betrachtet, zwitschert es eine fröhliche Melodie.

> »Leb wohl, lieber Garten, ich werde zurückkommen und dich bald wiedersehen!«

Es ist Herbst geworden, und England bietet nicht mehr genug Insekten, um alle Rotkehlchen im Winter zu ernähren. Deshalb müssen sie nach Süden – genauer gesagt nach Afrika – aufbrechen, wo sie mehr Nahrung finden.

Genau wie ein Auto vor einer langen Reise vollgetankt werden muss, braucht der kleine Vogel einen vollen Bauch. Fliegen verbrennt viel Energie. Daher muss sich das Rotkehlchen vor seinem Abflug eine zusätzliche Fettschicht anfuttern. Das ist der Brennstoff, der es zu seinem Winterquartier tragen wird.

Doch wie findet der kleine Vogel seinen Weg?

Das Rotkehlchen verfügt über ein inneres »Programm«, das ihm Bescheid gibt, wann es anfangen muss, die Speckschicht anzulegen, und später, wenn genügend Fett unter der Haut vorhanden ist, wann es an der Zeit ist, loszuziehen. Dasselbe Programm sagt ihm auch, wie viele Tage es fliegen muss und in welche Richtung.

Doch die Richtung allein reicht nicht. Rotkehlchen müssen ganz genau wissen, wo sie sich gerade auf der Karte befinden. Das gelingt ihnen nur im Dunkeln.

Rotkehlchen können das magnetische Feld der Erde spüren – eine Kraft, die festlegt, wo Norden, Süden, Osten und Westen liegen. Diese erstaunliche Fähigkeit funktioniert über ihr rechtes Auge. Es verhält sich wie ein Mini-Kompass, der dem Vogel anzeigt, in welche Richtung er fliegen muss (im Winter in den Süden und im Sommer in den Norden), selbst wenn es keinerlei andere sichtbare Wegweiser gibt.

Lärmende Seevogelstadt
Nördliche Hemisphäre

Die Seevogelkolonie brodelt regelrecht vor Leben. Hoch über dem tosenden Meer sind die Klippen gesäumt von Hunderten lärmenden Bewohnern, die sich gegenseitig anrempeln. Mit lautem Flügelschlagen landet die Trottellumme neben ihrem Partner, ohne die steil zur See abfallende Felswand auch nur eines Blickes zu würdigen.

Das Trottellummen-Männchen putzt liebevoll die Nackenfedern des Weibchens. Sein Nachbar grüßt mit einem kreischenden Hallo. Das Weibchen krächzt zurück. Solange die Trottellummenbande nur zusammen ist, sind die Vögel relativ zufrieden.

Trottellummen halten ihr Gefieder durch Putzen sauber. Für gewöhnlich machen die Vögel das selbst, doch manchmal putzen sie sich auch gegenseitig. Auf diese Weise bleibt das Gefieder des Partners oder der Partnerin in einem Topzustand – vor allem, da die Gefiederpflege an Kopf und Nacken stattfindet, also an Stellen, die der Vogel mit seinem eigenen Schnabel nicht erreichen kann.

*Diese erstaunlichen Seevögel brüten in großen Kolonien
hoch oben an den Steilklippen.*

Für Trottellummen geht es bei der sozialen Gefiederpflege jedoch weniger um Sauberkeit als um Freundschaft – ganz ähnlich wie bei Affen, die sich gegenseitig lausen. Partner putzen sich gegenseitig aus dem einfachen Grund, dass es sich gut anfühlt und sie nett zueinander sein wollen. Ein bisschen so, wie wir eine Umarmung von jemandem genießen, den wir lieben.

Trottellummen sind wahre Putzfans. Jedes Jahr kehren sie zu denselben schmalen Klippenvorsprüngen zurück, um sich mit ihrem Partner zu treffen. Und schon kann das große Putzen beginnen! Trottellummen pflegen aber nicht nur das Gefieder ihres Partners, sondern sogar das der Nachbarn. Da die Vögel immer wieder zum selben Ort zurückkehren, kennen sich die benachbarten Paare untereinander sehr gut. Die Vögel unterstützen einander und sind bekannt dafür, die Eier ihrer Nachbarn und Freunde auch vor wütenden Möwen zu schützen.

*Diese Freundschaften halten
mitunter ein Leben lang.*

Bei den meisten Vögeln – und allen Menschen – setzt die Zunge unten in der Mundhöhle an. Die extralange Zunge des Spechts beginnt hingegen direkt über seinen Augen, macht einen Bogen durch den Schädel und schlängelt sich dann in den Mund.

Das Geheimnis der Bäume

Europa und Nordamerika

Klopf! Klopf! Klopf! Der Specht schiebt sich den Baumstamm hinauf und legt den Kopf schief. Unter dem grünen Blätterdach ist der Wald angenehm kühl und riecht erdig. Der Specht hüpft einen uralten, gekrümmten Ast entlang und klopft dann erneut aufs Holz.

KLOPF! KLOPF! KLOPF! KLOPF! KLOPF!
»Das ist mein Baum«, trommelt er energisch.
»Haltet euch bitte fern!«

Früher wurde der Specht auch »Baumhacker« genannt. Kein Wunder, schließlich handelt es sich um einen Vogel, der Nahrungssuche, Nisten und die Kommunikation mit Artgenossen durch eine einzige Handlung vollführt: mit dem Schnabel auf einen Baum einzuhacken. Damit er all dem Geklopfe standhält, ist der Schädel des Spechts unglaublich hart. Doch der schöne Vogel hat auch eine empfindliche Seite.

Spechte sind Insektenfresser. Ihre Leibspeise sind Maden – Käferlarven, die sich von morschem Holz ernähren. Um an diese Maden zu kommen, muss der Specht mit seinem kräftigen Schnabel Äste aufpicken. Doch die Maden lassen sich nicht gern fressen: Kaum hören sie den Specht, ziehen sie sich schnell zurück in die Gänge, in denen sie im Holz leben. Das hält den Specht jedoch nicht auf, schließlich hat er eine geniale Strategie entwickelt, um an die Maden zu gelangen.

Stell dir vor, du steckst deine Hand in eine schmale, lange und dunkle Röhre und versuchst ganz am Ende etwas Weiches und Saftiges aufzuspüren, vielleicht einen Pfirsich. Du kannst den Pfirsich weder sehen noch riechen. Stattdessen musst du dich allein auf deine Fingerspitzen verlassen, die dir sagen, wann du die Frucht gefunden hast. Doch zum Glück sind deine Fingerspitzen hyperempfindlich. Genau so funktioniert die Zunge des Spechts. Sie ist allerdings nicht nur empfindlich, sondern auch noch sehr klebrig. Auf diese Weise wird die Made fixiert und dann aus dem Loch gezogen – eine leckere Mahlzeit.

Das geheime Heckenhaus
Europa und Asien

Hinten am Feld leuchtet etwas rosa, schwarz und weiß auf. Schnell wie ein Blitz hüpft der Vogel in die Brombeersträucher und ist außer Sichtweite. In der Hecke verbirgt sich seine ganz eigene geheime Welt.

Die Schwanzmeise ist ein winziger Vogel, der nur wenig mehr als ein Teelöffel Zucker wiegt. Er hat einen rundlichen Körper und lange Schwanzfedern.

Die Schwanzmeise hüpft und springt geschickt durch das Labyrinth aus Dornen und Zweigen in Richtung einer silbrig-grünen Kuppel. Aus ihr streckt gerade ein weiterer Vogel seinen Kopf heraus und verschwindet dann wieder nach drinnen. Die Schwanzmeise folgt ihm ins Innere des Kuppelnests, wo zehn winzige Küken mit aufgesperrten Schnäbeln schon warten.

»Füttere uns!«

Im Herbst und Winter lebt die Schwanzmeise in kleinen Schwärmen, die tagsüber auf Nahrungssuche gehen und sich nachts zusammenkuscheln, um sich gegenseitig zu wärmen. Im Frühling, wenn die Brutzeit beginnt, tun einige der Vögel etwas Erstaunliches – sie helfen sich gegenseitig, ihre Küken großzuziehen!

Das Nest der Schwanzmeise ist sehr hübsch. Es sieht ein bisschen aus wie ein Ei, mit einem geschlossenen Dach und einem Loch als Eingang. Die Außenseite besteht aus Moos, das mit Spinnweben zusammengehalten wird und von Flechten bedeckt ist. Im Inneren ist das Nest mit Hunderten Federn ausgekleidet, um die Eltern, die Eier und die Küken warm zu halten.

Obwohl die Nester so gut getarnt sind, werden viele von Raubvögeln wie Krähen oder Eichelhähern zerstört. Wenn ein Schwanzmeisenpaar auf diese Weise sein Nest verliert, baut es entweder ein neues oder, wenn die Brutzeit bereits zu weit fortgeschritten ist, unterstützt andere Eltern.

Im Nest von Verwandten auszuhelfen ist schließlich besser als aufzugeben. Je mehr Vögel helfen, desto mehr Futter bekommt jedes Küken. Mag sein, dass dieses Schwanzmeisenpaar es nicht geschafft hat, selbst Küken großzuziehen, doch indem die Vögel ihre Verwandten unterstützen, machen sie das Beste aus der Brutzeit.

Die Mottenfalle

Im Sommer in Europa und Asien, im Winter in Afrika

Die Nachtschwalbe, auch als »Ziegenmelker« bekannt, fliegt hoch in den Abendhimmel. Ihre großen, dunklen Augen sind wie dafür gemacht, im schwachen Dämmerlicht perfekt zu sehen. Mit lautlosen Flügelschlägen fliegt der Vogel über seine Heimat, das Heideland.

Da flattert eine Motte aus dem Heidekraut auf. Die Nachtschwalbe sieht sie sofort. Mit eleganten Schwingen und weit geöffnetem Schnabel schwenkt sie zu ihr hinab.

»SCHNAPP!«

Die Nachtschwalbe ist nachtaktiv. Tagsüber schläft sie am Boden oder in eine Astgabel gebettet. Durch ihr gelbbraunes, gesprenkeltes Gefieder ist sie gut getarnt und kaum zu erkennen. Während sie ruht, sieht die Nachtschwalbe fast aus wie ein Stück Holz. Sie besitzt einen vergleichsweise kleinen Schnabel, dafür ist ihr Mund riesig. Innen schimmert er rosa, und der Schnabelansatz ist von Borsten gesäumt. Diese reagieren auf den kleinsten Reiz.

Während der nächtlichen Jagd muss eine Motte lediglich in die Nähe der Schnabelborsten der Nachtschwalbe geraten, und schon hat sie keine Chance mehr. Sofort sperrt der Vogel den Schnabel auf, und die Motte ist gefangen. All das geschieht so schnell, dass es schwer zu beobachten ist.

Die Nachtschwalbe schluckt ihr Abendessen hinunter und geht so lange auf die Jagd nach mehr, bis ihr Hunger gestillt ist.

Wenn die Dunkelheit hereinbricht, erwacht die Nachtschwalbe. Sie hebt den Kopf und fängt an zu rufen. Ihr Ruf ist einzigartig. Stell dir den Klang eines Rasenmähers vor, der irgendwo in der Ferne brummt.

Die Sinne der Vögel

Genau wie wir sind Vögel auf ihre Sinne angewiesen

Sehen

Raubvögel wie Adler und Falken besitzen große Augen, mit denen sie Dinge aus einer viel größeren Entfernung erfassen können als wir. Diejenigen, die wie die Nachtschwalben und Eulen nach Einbruch der Dunkelheit aktiv sind, können trotz schlechter Sichtverhältnisse Objekte erkennen, die kein Mensch ausmachen könnte.

Hören

Menschen und Vögel können ähnliche Tonfrequenzen hören. Manche Menschen sind vielleicht nicht in der Lage, das hohe, flüsternde Trällern eines Wintergoldhähnchens wahrzunehmen, doch wir alle können den tiefen, dröhnenden Ruf der Dommel hören.

Vögel, die wie Eulen und Fettschwalme im Dunkeln unterwegs sind, haben ein viel besseres Gehör als wir. Auch in pechschwarzer Finsternis kann eine Eule, wenn sie das leise Trappeln von Pfoten oder das Rascheln eines Schwanzes im Gras hört, ganz genau bestimmen, wo ihre Beute ist.

Tasten

Alle Vögel haben einen sehr fein ausgebildeten Tastsinn. Sie spüren, ob sie in der richtigen Position auf ihren Eiern sitzen, ob sie sich fest genug an den Ast krallen, um nicht herunterzufallen, oder ob irgendeine ihrer Federn verrutscht ist – in dem Fall nutzen sie ihren Schnabel, um sie wieder an Ort und Stelle zu bringen.

Schmecken und Riechen

Für uns schmeckt Salz salzig, und Erdbeeren riechen süß. Auch andere Geschmacksrichtungen und Gerüche können wir gut erkennen. Dafür ist unsere Zunge von Geschmacksknospen gesäumt und unsere Nase mit Riechzellen ausgestattet. Natürlich haben auch Vögel Geschmacksknospen, sie befinden sich an der Innenseite des Mundes.
Vögel können auch riechen, ihr Geruchssinn muss teils sehr fein sein, um beispielsweise verborgene Nahrung erschnuppern zu können.

Besondere Sinne

Hier kommen einige ganz besondere »Sinne«, die Vögel im Gegensatz zu uns haben:

Wanderbewegung

Einige Vögel verspüren den Drang fortzuziehen, also zu einer bestimmten Jahreszeit eine lange Strecke in eine bestimmte Richtung zu fliegen. Doch es gibt kein eigenes »Zugsinnesorgan« – zumindest keines, das wir sehen könnten. Die Karte und das »Programm«, die dafür sorgen, dass ein Zugvogel jedes Jahr losfliegt, sind wohl in unterschiedlichen Teilen des Gehirns angesiedelt und werden über verschiedene Sinne gesteuert.

Wetterfühligkeit

Einige Vögel spüren selbst aus großer Entfernung, wann und wo es geregnet hat. Flamingos verbringen den Winter beispielsweise an der afrikanischen Küste, doch ihre Brutplätze liegen weit im Landesinneren. Sie können dort lediglich nisten, wenn es so viel geregnet hat, dass sich große Seen voller Nahrung bilden. Mitunter warten sie wochenlang an der Küste, um dann eines Tages plötzlich in einem großen Schwarm ins Landesinnere aufzubrechen und einen mit Regenwasser gefüllten See vorzufinden, der ihnen genug Nahrung und einen perfekten Brutplatz bietet. Woher wussten die Flamingos, dass es geregnet hat?

Wir können nicht genau sagen, wie diese besonderen Sinne funktionieren. Doch die Tatsache, dass wir einige Dinge über sie noch nicht verstehen, macht Vögel umso interessanter!

 Für Ellis x
TB

Für Lucy, Charlotte und Max, in Liebe x
CR

Der Autor: Der international anerkannte Ornithologe Tim Birkhead ist Mitglied der *Royal Society* und emeritierter Professor der University of Sheffield. Als Dozent und Autor wurde er bereits mit zahlreichen Preisen ausgezeichnet, unter anderem von der *Zoological Society of London*. *Aus der Vogelperspektive* ist sein erstes Buch für Kinder.

Die Illustratorin: Die preisgekrönte Autorin und Illustratorin Catherine Rayner wuchs in Yorkshire auf und studierte Illustration am Edinburgh College of Art. Seit sie einen Stift halten kann, malt sie Tiere. Für ihre Arbeit erhielt sie bereits zahlreiche Nominierungen und Preise, unter anderem wurde sie mit der Kate Greenaway Medal ausgezeichnet.

Die Übersetzerin: Rita Gravert studierte Allgemeine und Vergleichende Literaturwissenschaften und spanische Philologie an der Freien Universität Berlin. Sie übersetzt aus dem Englischen, Spanischen und Portugiesischen und ist Mitherausgeberin der Zeitschrift *alba.lateinamerika lesen*. Sie lebt in Berlin.

Die Originalausgabe erschien 2021 unter dem Titel *What It's Like To Be A Bird*
bei BLOOMSBURY CHILDREN'S BOOKS, Bloomsbury Publishing Plc.

1. Auflage 2023 | ISBN 978-3-446-27649-9 | © Text: Tim Birkhead, 2021 | © Illustrationen: Catherine Rayner, 2021
Published by arrangement with Bloomsbury Publishing Plc | Alle Rechte der deutschen Ausgabe:
© 2023 Carl Hanser Verlag GmbH & Co. KG, München | Umschlag: Stefanie Schelleis, München © Catherine Rayner
Satz im Verlag | Druck und Bindung: Leo Paper Products, Heshan, Guangdong | Printed in China